POUR NOUS RECONSTRUIRE ET REDEVENIR NOUS-MEMES
Entretien avec Bwemba Bong

Suivi de

POUR REDONNER DU SENS A LA TRADITION

Entretien avec Souleymane Bachir Diagne

DU MEME EDITEUR

Jean-Pierre Mbelu, *A quand le Congo ? (Réflexions & propositions pour une renaissance panafricaine)*, Paris, Congo Lobi Lelo, 2016.

Jean-Pierre Mbelu, *#Ingeta (Dictionnaire citoyen pour une insurrection des consciences)*, Paris, Congo Lobi Lelo, 2017.

Jean-Pierre Mbelu, *Demain, après Kabila (Remettre les cerveaux à l'endroit. Reconquérir notre dignité et nos terres. Réinventer le Congo-Kinshasa)*, Paris, Congo Lobi Lelo, 2018.

Mufoncol Tshiyoyo, *L'heure de nous-mêmes a sonné (Messages à la base congolaise et africaine)*, Paris, Congo Lobi Lelo, 2019.

Jean-Pierre Mbelu, *C'est ça Lumumba (Partager, poursuivre et soutenir le combat pour la dignité, la justice et l'émancipation)*, Paris, Congo Lobi Lelo, 2019.

Direction éditoriale : Esimba Ifonge

© Ifonge/Congo Lobi Lelo, 2019.
ISBN 978-2-9565630-0-6

La collection *Illmatik* de *Congo Lobi Lelo* a pour ambition de décrypter et de partager les idées et les textes que nous considérons comme importants pour ne pas dire essentiels pour les générations Triple A (Afro, ambitieux, activistes).

Produite sous formes d'interviews, la collection s'attache à proposer, à travers des formats courts, une forme inédite de diffusion des idées et des savoirs africains.

On doit faire en sorte que les gens deviennent tributaires d'une façon de penser et d'une ligne idéologique beaucoup plus que d'une affinité linguistique ou ethnique.
JOSEPH KI-ZERBO, *A quand l'Afrique ?*

BWEMBA BONG

Entretien avec Esimba Ifonge

POUR NOUS RECONSTRUIRE ET REDEVENIR NOUS-MEMES

Illmatik | Congo Lobi Lelo

INTRODUCTION

Pourquoi nous, africains, nous n'arrêtons de nous faire la guerre et de nous entretuer, au lieu de nous unir contre nos oppresseurs et agresseurs communs ? Pourquoi, si le panafricanisme est le salut de l'Afrique, nous ne parvenons pas à nous unir, demeurons désorganisés et évoluons en ordre dispersé ? Pourquoi nous n'avançons pas, pire nous reculons collectivement quand il semble que tout le monde avance, en Asie, Amérique latine, et ailleurs ? Pourquoi l'africain tend-il à prendre la fuite dès qu'il entend un coup de feu ? Pourquoi les populations de la République Démocratique du Congo sont en permanence sur la route dans l'Est du pays ? Pourquoi le peuple noir, si brillant, si res-pecté et en avance sur les autres dans le passé, est méprisé, insulté, piétiné dans le monde entier aujourd'hui ?

Pourquoi, alors que nous avons inventé les systèmes philosophiques et mathématiques, nous avons tant de difficulté à innover collectivement ? Pourquoi, de plus en plus de jeunes africains mettent leur vie en péril, parce qu'ils ne veulent plus vivre en Afrique alors que les occidentaux et les asiatiques ont tous leurs regards sur le continent et viennent y chercher leur salut ? Pourquoi la France estime-t-elle que l'Afrique est l'avenir de la France quand sur ce continent on parvient difficilement à assurer les droits fondamentaux aux populations ? Pourquoi des gens qui se sont adonnés à la spoliation, destruction et condamnation des peuples africains sont-ils aujourd'hui accueillis en sauveurs de l'Afrique ? Pourquoi un président français, qui rançonnait la Côte d'Ivoire et y a fait assassiner des enfants, est-il considéré comme un ami de l'Afrique ?

Pourquoi l'Afrique, riche en ressources et terres fertiles arables, ne parvient-elle pas à nourrir les populations africaines ? Pourquoi, par exemple, nous fabriquons du coton que nous envoyons dans les pays occidentaux et nous attendons que ces pays nous envoient à manger ? Pourquoi incite-t-on les africains à oublier leur passé et à ne se focaliser que sur l'avenir, quand ce passé apocalyptique semble nous accompagner, hanter et guider notre présent ? Pourquoi l'Afrique est devenu un continent sans histoire alors que c'est sur le continent africain que l'Homme et la civilisation sont nés ?

Pourquoi, alors qu'on nous fait la guerre depuis des siècles, notre riposte n'est toujours pas à la hauteur de l'agression que nous subissons ? Pourquoi nous ménageons constamment celui qui nous combat alors que ce dernier ne nous ménage pas ?

Les réponses à toutes ces questions et à bien d'autres en rapport avec le présent et le devenir commun des peuples noirs trouvent leurs sources dans les razzias négrières que l'Afrique a subies entre le 15ème et le 19ème siècle : un système violent qui a transformé l'africain en marchandise et en monnaie à la fois, dépouillé le continent, par la contrainte, de ses forces vives et créatrices, et stoppé brutalement le développement de l'Afrique.

A travers plus de 400 pages de recherche, d'analyses et de commentaires, le livre *Quand l'Africain était l'or noir de l'Afrique* (Editions Dagan, 2013) explique pourquoi et comment L'Afrique a été déstabilisée, déstructurée et détruite par les razzias négrières et démontre comment au sortir de cette période, qui s'est étalée sur près de 400 ans, les africains n'étaient déjà plus que l'ombre d'eux-mêmes au moment de l'abolition de l'esclavage et à l'aube de la période des colonisations.

Ce décryptage historique nous permet de comprendre pourquoi, collectivement, sur le continent africain, nous n'arrivons ni à redresser la tête, ni à nous sortir du goulot d'étranglement que constitue notre balkanisation économique, ni à nous développer de manière durable... Mais l'enjeu est aussi et surtout ailleurs. Pour l'auteur du livre, le professeur Bwemba Bong, il faut certes « *identifier le mal qui est dans notre peuple* », mais au-delà, nous devons nous reconstruire et redevenir nous-mêmes. C'est à la fois, le leitmotiv et la mission que s'est donné le professeur.

Originaire du Cameroun, Bwemba Bong a quitté, très jeune son pays, en 1962, à l'issue de l'effroyable guerre de 7 ans et du terrible carnage que la France a fait subir au Cameroun. Alors que l'Indochine était perdue, et qu'elle sentait qu'elle allait perdre l'Algérie, la France ne voulait pas voir son empire colonial s'effondrer complètement si elle perdait le Cameroun. Alors elle a mis le paquet et y a utilisé le napalm. « *Vous sortiez le matin, vous trouviez sur le trottoir des têtes coupées, le sang qui gît... Les français ont fait preuve d'une cruauté incroyable* » se rappelle-t-il. Après un séjour à Conakry, sous la protection de Marthe Moumié, la veuve du leader de l'Union des Populations du Cameroun, qui avait libéré le pays, Bwemba Bong s'est installé en France où il a entamé une nouvelle vie.

Il y a étudié entre Poitiers et Paris, acquis une multitude de diplômes et développé une carrière de formateur et d'enseignant. Mais surtout, il y a vu comment les mécanismes politiques, économiques et psychologiques qui régissaient les colonies d'Afrique ainsi que les relations entre les européens et les africains sont demeurés inchangés alors que les pays africains avaient acquis leurs indépendances. Pire, alors qu'il a représenté le Cameroun, sur le plan international pendant des années, au niveau étudiant, il a vu ses collègues étudiants se battre, obtenir et construire de véritables Etats comme le Vietnam.

« *Mais nous, africains, où en sommes-nous ? On continue de pédaler dans la semoule, et certains continuent de se revendiquer intellectuels...*» Rumine-t-il. C'est une des raisons qui l'ont amené à co-fonder, en 1983 à l'université de Poitiers, le cercle Samory, un groupe de réflexion qui avait pour mission de rechercher les racines de l'Afrique et travailler sur les problèmes africains. « *Nous nous devons de revenir très loin dans notre histoire, à l'Afrique antique pour que nous comprenions comment fonctionnaient nos sociétés africaines… et tout faire pour redevenir nous-mêmes* », aime-t-il à dire.

C'est dans cet état d'esprit et dans cette perspective qu'il a écrit *Quand l'Africain était l'Or noir de l'Europe*, dont la première édition date de 2005. Dans l'entretien qu'il nous a accordé, celui qui n'aime pas être qualifié d'intellectuel, revient sur le contenu de ce livre, décrypte l'impact et les conséquences des razzias négrières sur les réalités des africains et noirs aujourd'hui, expose les clés de la renaissance africaine et explique pourquoi nous devons nous reconstruire en tant que peuple. « *Ce qu'il faut que les africains comprennent, c'est que des peuples entiers ont disparu* » martèle-t-il.

Esimba Ifonge

ENTRETIEN AVEC BWEMBA BONG

Congo Lobi Lelo : Quel était votre objectif quand vous avez décidé d'écrire *Quand l'Africain était l'or noir de l'Europe* ; Rétablir la vérité et redresser une Afrique bafouée ? Faire enfin le deuil de notre passé douloureux et poser les jalons de la renaissance africaine ?

Bwemba Bong : Il y avait un peu de tout cela. Vous savez, si vous avez mal au ventre, par exemple, mais quand on vous demande où vous avez mal, vous répondez que c'est l'orteil qui vous fait souffrir, alors, on ne vous soignera jamais. Nous devons identifier le mal qui est dans notre peuple.

Il y a des africains qui s'énervent quand on leur dit qu'avant l'arrivée des européens en Afrique, on y vivait dans des maisons et que nous étions bien vêtus. Malheureusement pour un certain nombre d'entre nous, avant leur arrivée, il n'y avait rien en Afrique : Il n'y avait pas de civilisation et les africains se baladaient nus. Comment voulez-vous donc que, dans ce contexte, les africains ne se soumettent pas devant les européens qui nous auraient finalement tout apporté ? Vous voyez donc les mécanismes psychologiques qui sont en jeu.

Aujourd'hui, un trop grand nombre d'entre nous sont écrasés de complexes. Il faut toujours qu'ils plaisent aux gens, il faut toujours qu'ils démontrent qu'ils ne sont pas racistes, etc. Quand vous êtes tout le temps en train de ménager celui qui vous combat, alors que lui ne vous ménage pas, vous avez perdu la guerre. C'est pour cela que les africains ne parviennent pas pratiquement jamais à se sortir de leurs problèmes.

Les dégâts psychologiques sont tels qu'il y a, parmi nous, des malades mentaux qui se baladent dans la rue et qui se prennent pour des intellectuels ou des responsables politiques. Regardez ces déchets qu'on appelle Chefs d'Etat africains. Vous prenez le cas du Cameroun. En 2008, l'UNICEF annonce qu'il y a 56 000 nourrissons qui y sont morts de faim. En cette même année 2008, il y a eu aussi les émeutes de la faim, et au Cameroun, Paul Biya a tué des camerounais qui y avaient participé. En 2013, Boko Haram avait kidnappé une famille de français et ce même Biya a payé 7 millions de dollars pour les libérer. Ces propres enfants crient famine, il leur tire dessus. Par contre, pour plaire à ses maîtres, il sort l'argent qu'il a prélevé sur le pétrole camerounais.

Quand les français disent qu'ils ne paient pas de rançons, c'est vrai. Ce sont les chefs d'Etats africains qui les paient. Voilà dans quel état, nous sommes aujourd'hui. Politiquement, nous avons des institutions qui ne correspondent à rien. Comment prétendre que vous avez un pouvoir quand il est nommé par des étrangers ? Nos Etats sont des plantations. Nos chefs d'Etat, des régisseurs. Nous sommes encore dans les razzias négrières et nous ne nous en sommes jamais sortis. Ne vous faites aucune illusion. Il est important que les africains comprennent cela.

Nous devons tout faire pour nous reconstruire et redevenir nous-mêmes. Aujourd'hui, de manière générale, nous faisons n'importe quoi.

CLL : Quelles ont été les conditions historiques, politiques et culturelles qui ont permis les razzias négrières ?

BB : D'abord, il faut savoir que l'Europe est une terre d'esclavage. Les religions monothéistes ont ceci de particulier qu'elles sont expansionnistes et doivent s'imposer parce qu'elles ont toujours raison. Par ailleurs, les Occidentaux sont des romains, il faut qu'ils aillent conquérir des terres, parce que ce sont des peuples nomades. Il faut constamment avoir en tête que l'Europe est une terre de violences, avec pour origine la question de la terre, notamment. Des propriétaires terriens s'accaparaient les terres par la violence et s'y installaient.

A l'époque, il n'y avait évidemment pas de supermarché ou d'hypermarché. Donc pour manger, il fallait aller travailler chez quelqu'un. Et si ce quelqu'un ne vous donne pas de travail, vous crevez. Ceci a modelé les comportements : Soit vous crevez soit vous mourrez debout. Il faut, par conséquent, se battre, prendre les armes.

Il faut ensuite comprendre que le système de violence et de prédation des occidentaux vient des cavernes, dans lesquelles ils ont vécu, et que la famille nucléaire est à l'origine du capitalisme. Quand il faisait froid dehors, la famille se serrait et protégeait son espace. Tu viens, on te tue. C'est le chacun pour soi, et Dieu pour tous. Si les révolutionnaires africains voulaient être un peu plus sérieux, ils étudieraient un peu l'histoire, la paléontologie, l'anthropologie, les sciences sociales. Scientifiquement, les blancs sont des africains. Ils ont quitté l'Afrique et se sont retrouvés dans une zone où le climat était redoutable et terrible. Et il fallait survivre. La nature a modelé le corps, mais elle a aussi modelé l'esprit.

De l'autre côté, vous avez les africains. Des gens qui vivent dans la nature, ont des vastes plaines et les partagent. La nature leur a tout donné, pourquoi chercheraient-ils à s'accaparer les choses ? Ce qui a anesthésié l'Afrique et l'a empêché de fonctionner comme le font les autres peuples, c'est principalement le fait que, pour les Africains, la terre est sacrée. Chez l'africain, la terre représente la mère, c'est Isis (La déesse de la fertilité et de la maternité dans l'Egypte Antique). Pour l'africain, chaque enfant a droit à une mère et on ne peut pas déposséder un enfant de sa mère. Donc, vous ne pouvez pas aller conquérir la terre de quelqu'un. La philosophie nègre ne peut pas l'accepter.

En Afrique, quel que soit l'individu, ce dernier disposait de son lopin de terre. Parce que c'était la terre qui donnait à manger, l'africain ne pouvait pas mourir de faim. Ce n'était pas possible. C'est la raison pour laquelle il n'y a jamais eu de révolution de paysans sans terre en Afrique. Aujourd'hui, les

" La razzia veut dire qu'on vient chez vous par la violence, on vous arrête et on vous emmène. Il n'y a pas à discuter avec quiconque. Les Européens n'ont acheté personne en Afrique. Cela a commencé avec Henri le navigateur au 15ème siècle. Aucun roi africain n'a vendu personne. Les rois africains étaient des prêtres. Ils avaient la responsabilité de leurs peuples, ils n'étaient pas des tyrans. "

africains meurent de faim : Ce sont les européens qui nous ont amené la famine. Réfléchissons un peu, les africains ont des terres partout, et ils ne peuvent pas se nourrir ? C'est simplement qu'on les en empêche. C'est la théorie romaine : On vous asphyxie par la famine. C'est ce qui s'est passé en Afrique, vous partez aux champs, on vous arrête, vous partez comme esclave. Ainsi, ils vous affament et font venir leur nourriture d'Europe.

CLL : Si les africains ne connaissaient pas ce système de violence, alors qu'en est-il de l'esclavage des noirs par les noirs avant l'arrivée des européens ?

BB : Toutes les transformations sociales majeures que l'Afrique a connues sont venues de l'extérieur. Parce que la société africaine, et c'est ce qui l'avait endormi, fonctionnait sur la base de l'harmonie céleste. C'était une société harmonieuse dans laquelle il n'y avait même pas de prisons, avant l'arrivée des blancs. Il y avait 3 sociétés africaines principales, l'Afrique, l'Egypte pharaonique et l'Inde. Buddha était un prêtre égyptien, un nègre. Son vrai nom était Shakyamuni. C'est pour cela que l'Inde a inventé la non-violence. D'ailleurs, les habitants de l'Inde actuelle, ne sont pas les vrais. Les vrais, les Dravidiens, sont en voie d'extermination comme les aborigènes en Australie.

Les africains ne pouvaient pas tenir un homme en esclavage, ce n'était pas possible. Si les africains avaient pratiqué l'esclavage, comme certains africains aiment le dire, ils seraient sortis du continent pour aller conquérir ailleurs. Parce que celui qui pratique l'esclavage chez lui, sortira de ses frontières pour aller chez l'autre. C'est clair. Toutes les sociétés esclavagistes ont quitté leurs propres terres pour aller chercher des esclaves ailleurs. Les Africains ne sont pas conquérants.

Les européens le sont, et sont des peuples guerriers. Dès qu'ils arrivent quelque part, ils s'organisent militairement. Dès qu'ils sont arrivés en Afrique, ils ont commencé par casser les Empires qui y étaient en place. Ils ont vaincu les africains militairement. Quand un peuple fait la guerre, il perfectionne son armement. C'est une loi de la nature.

CLL : Comment le système des razzias négrières a bouleversé les structures à la fois politiques, économiques, sociales et même culturelles des peuples africains ?

BB : Qu'est-ce qui explique que des hommes vivent dans des cités lacustres, alors qu'il y a des terres partout ? Il faut se poser la question. Vous voyez en Afrique des communautés qui vivent sur des hauteurs, où il n'y a que des pierres partout et rien n'y pousse. Pourquoi sont-ils là ? Si vous y prêtez attention, vous vous rendez compte que, de là où ils sont, ils peuvent avoir un œil sur l'Océan. Ces communautés surveillaient l'arrivée des négriers. Les Européens venaient par les côtes, et bombardaient littéralement les territoires et les populations. Les africains sont marqués par les razzias négrières d'une manière que vous ne pouvez imaginer. Je vous dis que dans votre subconscient, chaque fois que vous dormez la nuit, vous êtes dans un bateau négrier.

J'insiste sur le terme razzia, parce que c'est de cela qu'il s'agit et non de traite de noirs. La traite sous-tend qu'il s'agit d'un code, par le biais duquel nous commerçons et discutons. Les razzias sont un système appelé filamento, chez les portugais. Le filamento est une techniquement purement occidentale : on vous attrape pendant votre sommeil, on vous pourchasse.

La razzia veut dire qu'on vient chez vous par la violence, on vous arrête et on vous emmène. Il n'y a pas à discuter avec quiconque. Les Européens n'ont acheté personne en Afrique. Cela a commencé avec Henri le navigateur au 15ème siècle. Aucun roi africain n'a vendu personne. Les rois africains étaient des prêtres. Ils avaient la responsabilité de leurs peuples, ils n'étaient pas des tyrans. Allons même plus loin dans le temps et prenons Kunta Kinté dans Racines. Il est parti en 1768. Qui l'a vendu ? Personne. Il a été kidnappé. Mais les occidentaux nous ont tellement conditionné que nous fabriquons les images qu'ils veulent. Ainsi, les gens arrivent dans un monde où on leur dit que ce sont les noirs qui ont vendu leurs propres frères et intériorisent cela.

Une fois que les razzias négrières ont commencé, l'Afrique, qui avait des industries et des commerces dynamiques, même pendant la période de l'esclavage arabo-musulman, ne produisait plus que l'être humain, devenu l'or noir de l'Europe. On ne parvenait même plus à cultiver la terre. Quiconque, allait cultiver la terre, était attrapé et fait esclave, au point que les africains étaient réduits à manger les fèves qui venaient d'Europe, comme nous mangeons aujourd'hui la semoule qui nous vient des USA. Il n'y avait plus d'autre industrie que celle de voir partir les femmes, les hommes, et les enfants d'Afrique. Les africains sont partis par la force, par la violence la plus terrible. Parce que nous n'étions pas armés. Quand les rois africains se sont rendu compte

> "Nous devons mettre en place une double dynamique, celle du contournement et celle de l'émulation. Par le contournement, il s'agit de se mettre à l'évidence que les européens, surtout les français, ne nous formerons jamais pour que nous allions développer l'Afrique. Il faut donc utiliser intelligemment les formations et les opportunités qui nous sont proposées. Par l'émulation, il s'agit que chacun donne le meilleur de lui-même et fasse le mieux qu'il puisse. Cela va tous nous tirer vers le haut."

que le loup était dans la bergerie, il était trop tard. Parce qu'après le Portugal (et l'Espagne), c'est toute l'Europe qui s'est coalisée et qui a foncé sur l'Afrique.

CLL : Pendant près de 400 ans, l'Afrique a été agressée, bombardée à coup de canons, dépouillée de ses populations. Dans quel état se trouvaient à la fois le continent et les peuples africains au 19ème siècle lorsque les razzias et l'esclavage prirent officiellement fin ?

BB : L'Afrique a été détruite, déstabilisée et déstructurée par les razzias négrières. Il en est de même pour les populations. Il ne restait que des épaves. Les africains n'étaient plus que l'ombre d'eux-mêmes. La société africaine d'aujourd'hui n'est pas notre société originelle.

Ibn Battuta était un grand explorateur arabe. Il avait voyagé dans le monde entier. Il est arrivé en Afrique au 14ème siècle. Il a rapporté qu'il n'avait jamais vu un continent dans lequel il y avait autant de sécurité, et où les gens abhorraient autant l'injustice et méprisaient autant les blancs. Et l'historien Paul Mercier rappelait que lorsqu'on parlait de l'Afrique à cette époque, on en parlait avec respect. Mais à partir du 19ème siècle, on parlait de l'Afrique et de ses tribus avec légèreté. Aujourd'hui, les africains sont comme les femmes battues. C'est dans leur propre maison que le danger se trouve. Ils sont en insécurité permanente sur le continent et ne s'épanouissent qu'à l'extérieur.

En Afrique, quand les gens dorment, ils se retournent tout le temps, ils se réveillent même sans s'en rendre compte et redorment. Parce qu'ils sont comme des morts-vivants. Au soir des razzias négrières, Les africains sont un peuple mort. C'est la raison pour laquelle ils acceptent n'importe quoi.

Si vous faites même sauter un pétard, les africains vont fuir. Parce qu'on les a trop bombardés. Ils ont encore cela dans la tête. Donc, ils prennent leurs balluchons. Si les africains avaient eu affaire à Israël comme les Palestiniens aujourd'hui, ils auraient déjà quitté la région. Les Africains ne résistent plus. Dès qu'il y a des conflits, ils prennent la route, pour aller où ? Ils ne savent pas. Regardez ce qui se passe en RD Congo. Les populations sont en permanence sur la route.

Les razzias ont été abolies parce que ce système n'arrangeait plus les occidentaux. Une nouvelle théorie avait pris naissance : *Quand un esclave est malade, vous êtes obligés de le soigner, en tant que propriétaire. Un ouvrier agricole, qui est mal payé, se débrouille tout seul.* Donc leur idée était la suivante : Laissez-les là-bas, en Afrique, on continue le travail. Je vous rappelle qu'ils prenaient des hommes en Afrique pour aller travailler les terres à l'extérieur. Aujourd'hui, ils ont des robots et ont mécanisé le travail. Avant, les USA cultivaient le coton, mais maintenant le coton vient d'où ? Il vient d'Afrique ! Aujourd'hui, nous sommes dans la mondialisation. Mais dans la mondialisation de l'oncle Tom. Dans cette mondialisation, nous servons les autres. C'est un banquet. Ils mangent et une fois qu'ils ont fini, nous venons prendre les assiettes, nous les léchons, et nous disons : « nous sommes dans la mondialisation, nous étions au banquet ! »

CLL : Vous soulignez à quel point nous

avons été marqués mentalement et psychologiquement par cette agression permanente. Hier, le peuple noir était brillant, en avance sur les autres. Aujourd'hui, nous ne valons plus rien, tout le monde nous insulte, méprise et piétine. Demain, si nous voulons exister et nous relever quelles sont les clés de la renaissance africaine ?

BB : Tout d'abord, les africains doivent faire un état des lieux. Cela inclut le peuple noir dans sa globalité. Nous devons combattre ce système de razzias négrières dans lequel nous sommes toujours. A terme, le peuple noir doit rentrer chez lui. Les afro-descendants doivent prendre conscience que la manière de combattre le système négrier est, à terme, de rentrer sur le continent. Plus généralement, les Africains se doivent de sortir de ce petit snobisme citadin dans lequel ils se confinent. Ils paradent, ils sont docteurs en ceci, experts en cela. Nous devons faire l'effort de comprendre ce qui nous est arrivé et ce qui s'est passé. Beaucoup d'entre nous ne se posent pas de questions, ils continuent de faire comme si rien ne nous était arrivé.

Nous devons nous engager dans des travaux et activités qui nous servent et nous amènent à nous élever. L'Afrique avait des empires. Si, par exemple, nous faisons du droit, allons chercher comment fonctionnaient ces empires. Nous avons un travail de reconstruction à faire. Et surtout, il faut adapter un principe à son milieu. C'est ce que beaucoup d'africains ne parviennent pas à faire. Nous devons créer cette génération d'africains qui reconstruisent l'Afrique. Aujourd'hui, beaucoup de gens ne font rien, c'est pour cela que l'Afrique est bloquée. Il

> "Quand vous êtes tout le temps en train de ménager celui qui vous combat, alors que lui ne vous ménage pas, vous avez perdu la guerre. C'est pour cela que les africains ne parviennent pas pratiquement jamais à se sortir de leurs problèmes."

n'y a pas de débats de fond, il n'y a rien. Pendant ce temps, les occidentaux continuent de vivre sur notre dos. Pourquoi nous fabriquons du coton que nous envoyons dans les pays occidentaux et nous attendons que ces gens nous envoient à manger ?

Ensuite, nous devons impérativement nous sortir de cette aliénation généralisée. Pour y parvenir, il faut revenir à la base, et redéfinir le rôle de la femme noire. Les gens ignorent le rôle de la femme dans les sociétés africaines parce que nous sommes dans le système international dans lequel on fait n'importe quoi. C'est la femme qui constitue l'équilibre chez les noirs. C'est encore la femme qui est à la base de la culture chez les noirs. Nous devons donc revenir au système matrilinéaire.

Les africains doivent, en outre, se prononcer sur la langue. Les canaux du cerveau doivent concorder avec une langue. Lorsque nous parlons le français, par exemple, nous ne sommes pas en harmonie avec nous-mêmes. Quand nous rêvons, nous ne rêvons pas en français, nos canaux sont d'abord culturels. Tout cela crée un affrontement au niveau de notre cerveau. C'est la raison pour laquelle il est difficile de s'épanouir dans la langue des autres. C'est la raison pour laquelle nous devons nous lancer des défis. Faire le choix d'une langue commune. Et lorsque nous nous lançons un défi, nous nous devons de le relever quoiqu'il arrive. Par exemple, on peut se dire que nous nous donnons 20 ans pour qu'on commence à parler l'égyptien ancien en Afrique. Regardez le Vietnam. C'était un pays francophone. Personne n'y parle plus le français là-bas. Ils parlent leur langue, et comme l'anglais est la langue commerciale, certains parlent l'anglais aussi, c'est tout.

Après avoir fixé la question de la langue. Nous allons monter une nouvelle école. Cette école devra fonctionner comme fonctionnaient les temples de l'Egypte ancien. Obligatoirement, nous allons produire les plus grands savants que le monde n'ait jamais connus. Les africains ont une grande capacité à comprendre et à maîtriser les choses. Les capacités des nègres ? Ils ne les connaissent pas.

Toutes ces inventions que vous voyez : l'énergie nucléaire et la télécommande (Raoul Georges Nicolo), la lumière (Lewis Howard Latimer), les feux de signalisation (Garrett Morgan), le téléphone cellulaire (Henry Thomas Sampson), etc. même le Pal/secam, ce sont des noirs qui les ont inventé. Nous avons inventé les sciences, nous avons inventé tous ces systèmes philosophiques et mathématiques... C'est cette conscience des grandes choses que nous avons apportées à l'humanité que nous n'avons plus et que nous devons retrouver.

CLL : Vous appelez la jeunesse et les moins jeunes à vivre aujourd'hui pour le peuple africain noir, à se voir en tant qu'africain noir avant de se voir en tant que camerounais, sénégalais, ivoirien, congolais ou autre nationalité, ou ethnie. Pourquoi il y a urgence d'être en mission et d'avoir une conscience africaine noire aujourd'hui et de dépasser notre identité ethnique ou nationale ?

BB : Les ethnies, qu'il y a aujourd'hui en Afrique, sont nées des razzias négrières. Qui peut croire qu'il y a des différences majeures entre les congolais de Brazzaville et les congolais de Kinshasa ? Ils parlent la même langue et ont des pratiques culturelles similaires. Prenez Paris, il y a la rive gauche et il y a la rive droite. Est-ce pour autant que la Seine marque la séparation entre deux ethnies ? Mais en Afrique, on accepte cela !

Avant l'arrivée des blancs, il y avait des grands empires en Afrique. Il y avait, par exemple, l'empire du Kongo, qui devait regrouper les deux Congo, le Cameroun, l'Angola, le Mozambique et le Gabon. De l'autre côté, il y avait l'empire du Bénin, qui allait jusqu'au Ghana. Et puis, il y avait aussi l'empire du Mali. Les blancs, une fois en Afrique, ont commencé par casser et morceler ces empires. Ils ne voulaient surtout pas voir de grands ensembles et ont préféré miser sur des chefferies négrières.

De plus, quand les razzias négrières ont débuté, les africains ont commencé à quitter les côtes pour aller vers l'intérieur du pays. Ils fuyaient par petits groupes dans la forêt. Et au fur et mesure, certains se fixaient et d'autres continuaient. Vous aviez ce phénomène dans toute l'Afrique. Ce sont ces petits groupes qui ont été distingués en ethnies.

Regardez : Ici, dans les banlieues parisiennes, les jeunes africains fabriquent leurs propres langues. On vous dira qu'ils forment une ethnie distincte ? Les linguistes affirment que lorsqu'un groupe s'éloigne de sa cellule, il modifie son langage. Les européens venaient pour attraper les africains, il ne fallait donc pas qu'ils comprennent ce que ces africains se disaient entre eux. C'est ainsi que ces derniers ont commencé à inventer leurs propres langues. Voilà les fondements de cette question linguistique ! Tous les africains, à la base, parlent la même langue, l'Egyptien ancien. Les occidentaux le savent très bien. Mais ils font semblant et jouent la carte de la différence. Il faut que nous dépassions le piège de la division.

CLL : Le salut des Africains et de l'Afrique passe donc par une unité, une union des forces et ressources africaines. Pourquoi, si cela semble évident, nous ne parvenons pas à nous reconstituer, ni à nous unir et demeurons désorganisés ? Qu'est-ce qu'il nous manque ?

BB : Premièrement, les Africains doivent comprendre conscience qu'un peuple ne peut pas sortir de sa situation en attendant que les autres viennent faire son travail. Ce n'est pas possible. Deuxièmement, nous devons totalement revoir la manière dont nous abordons le monde actuel si nous voulons libérer notre peuple et notre continent. Nous ne pouvons pas nous contenter de faire les perroquets en répétant ce que d'autres ont dit.

Nous devons mettre en place une double dynamique, celle du contournement et celle de l'émulation. Par le contournement, il s'agit de se rendre à l'évidence que les européens, surtout les français, ne nous formerons jamais pour que nous allions développer l'Afrique. Il faut donc utiliser intelligemment les formations et les opportunités qui nous sont proposées et que nous rencontrons. Par l'émulation, il s'agit de s'assurer que chacun donne le meilleur de lui-même et fasse le mieux qu'il puisse. Cela va tous nous tirer vers le haut. Nous devons arrêter avec ces histoires de rivalité où dès que l'un d'entre nous monte, d'autres pensent qu'il commence à leur faire de l'ombre et se lancent dans le dénigrement. C'est aussi pour cela que nous n'avançons pas. Nous ne pouvons plus continuer de la sorte. Nous reculons, tout le monde est parti. Tout le monde avance, en Amérique latine, en Asie. On a l'impression que l'Afrique ne fait rien !

D'ailleurs, c'est toujours le principe du gouverneur général Antonetti qui régit en Afrique. Les européens ont gardé strictement la même infrastructure coloniale. Tous les moyens de transport mènent des mines ou des plantations aux ports. On évacue les biens. Ça continue aujourd'hui. Il n'y a pas de loisirs pour épanouir les gens. Et la balkanisation économique demeure un goulot d'étranglement terrible.

Il faut lancer en Afrique ce qu'on appelle les grands travaux. Si les africains veulent construire leur continent, ils doivent lancer des grands travaux sur la base de plans. Un plan vous permet de savoir où vous allez et de corriger tout de suite. Donnons-nous 20 ans pour irriguer tout le corps économique de l'Afrique. En 20 ans, nous devons avoir des autoroutes, des routes principales, des routes secondaires, avec les aéroports qu'il faut. Si nous n'y parvenons pas, alors nous devrions voir pourquoi. Et nous allons à la fois réconcilier le monde paysan et le monde citadin, et favoriser de véritables ingénieurs et techniciens.

Pour que les cerveaux soient prêts à ce changement que nous devons imposer, à cette société nouvelle que nous voulons voir émerger, il faut s'organiser et éduquer. Et ce travail, on doit l'initier dès la petite enfance. Parce que dès lors que vous présentez des complexes d'infériorité vis-à-vis de tout le monde, vous voulez que vos enfants se comportent comment ?

CLL : Depuis le 15ème siècle, nous avons

> "Il faut que nous apprenions à parler le même langage que nos interlocuteurs. La spiritualité africaine de la paix, de l'amour et de l'ouverture n'est pas en phase avec les réalités auxquelles que nous devons faire face. Il faut donc la laisser de côté, dans un premier temps. Il est temps pour les africains d'adopter une spiritualité de combat et de la libération."

sommes considérés comme des objets, comme l'or noir de l'Europe. Collectivement, nous ne semblons pas avoir conscience de la place qui nous a été attribuée par nos agresseurs ni du rôle que nous avons à jouer dans le monde. Nous avons une histoire faite d'agression, de massacres et d'assujettissement qui se poursuit. On nous fait constamment la guerre. Mais on semble ne pas s'en rendre compte, comment expliquez-vous cela ?

BB : Les noirs aujourd'hui croient trop en l'amitié entre les peuples. Beaucoup d'entre nous ne s'imaginent pas être en guerre, du tout. C'est la raison pour laquelle Il y a un grand décalage entre l'agression que nous subissons et notre riposte. Ce qu'il faut que les africains comprennent, c'est que des peuples entiers ont disparu. Et ce n'est pas fini.

Nos agresseurs inventent des armes de plus en plus redoutables. Regardez ce qu'ils ont fait à Robert Mugabe. Lors des accords de Lancaster en 1979, les Blancs eux-mêmes ont dit : Dans 10 ans, nous laisserons les terres. On leur a même laissé des années supplémentaires, mais ils ne respectent pas leurs engagements. Mugabe leur dit, maintenant je vais vous obliger à respecter vos propres engagements. Aussitôt après, le choléra s'est déclenché au Zimbabwe, 80000 victimes.

Prenons l'Afrique du Sud. Beaucoup d'entre nous ne font même pas le lien entre le programme génétique mis en place par l'Afrique du Sud, avec le docteur Wouter Basson (surnommé « Docteur la Mort »), pour exterminer les noirs, et la pandémie du SIDA, particulièrement forte dans la zone de l'Afrique australe. Il y a un plan délibéré pour nous maintenir en bas de l'échelle et nous éliminer. C'est de bonne guerre. C'est nous qui ne comprenons pas et nous ne nous adaptons pas.

A un moment donné, nous devons faire comme les autres. Tu triches, je triche aussi. Je vous dis qu'avec les capacités que les africains ont aujourd'hui en bionique, en études biologiques, nous sommes capables de mettre sur pied des armes très puissantes comme le rayon de la mort. Mais vous vous décidez à lâcher une bombe, au bout d'un moment, avec le nombre toujours croissant de morts qu'elle occasionne, le noir vous dit, j'arrête. Dans son inconscient, il y a le tribunal d'Osiris. On va lui demander, pourquoi tu as tué ? Est-ce toi qui a donné la vie ? Les blancs n'ont pas ce souci. Leur dieu, Wotan, le dieu de la mythologie nordique, est le dieu de la guerre.

CLL : Lorsque l'on tient à quelqu'un ou à quelque chose, il faut se donner les moyens de le protéger ou de le sauvegarder. Comment concilier nos identités africaines avec les impératifs et réalités du monde dans lequel nous évoluons aujourd'hui ?

BB : Nous devons nous adapter à ce monde. Nous devons restructurer notre mental et comprendre le monde tel qu'il fonctionne. Je commence à en avoir assez de la spiritualité. Il faut que nous apprenions à parler le même langage que nos interlocuteurs. La spiritualité africaine de la paix, de l'amour et de l'ouverture n'est pas en phase avec les réalités auxquelles nous devons faire face. Il faut donc la laisser de côté, dans un premier temps. Il est temps pour les africains d'adopter une spiritualité de combat et de la libération. Nous avons aujourd'hui la capacité d'analyser les textes de l'Egypte ancienne, pour amener les africains au combat. Le monde est fait d'amour, mais aussi de haine, de guerres et de combats.

Il faut mettre notre Maat (*L'ordre, la vérité et la justice dans l'Egypte antique*) de côté, pendant un moment. La Maat, qu'est-ce que c'est au final ? C'est l'Ubuntu en Afrique du Sud. Si nous ne voulons pas disparaître en tant que peuple, il faut arrêter avec cette Maat. Le monde mystique, le monde spirituel, c'est une philosophie que l'on se donne. Le jour où nous serons redevenus nous-mêmes, et que nous serons en mesure de nous défendre, alors à ce moment-là, nous retournerons à la Maat. En attendant, laissons cela de côté.

D'ailleurs, à l'époque où nous pratiquions la Maat, la situation des africains n'était pas la même. Nous étions le peuple dominant. Nous aurions pu dominer les autres, mais on ne l'a jamais fait. Si nous détenons l'arme nucléaire, nous pouvons faire notre Maat. Mais ceux qui appuient sur le bouton, ne font pas la Maat. Le pilote militaire américain Paul Tibbets qui a largué la première bombe atomique sur Hiroshima le 6 août 1945 et causé des centaines de milliers de morts et de blessés, dormait tranquille, sans regret quelconque, par la suite et disait même qu'il aurait pu en faire plus. Je vous dis qui si un africain s'était retrouvé dans la situation de ce militaire américain, il serait devenu fou.

SOULEYMANE BACHIR DIAGNE
Entretien avec Esimba Ifonge

POUR REDONNER DU SENS
A LA TRADITION

INTRODUCTION

Souleymane Bachir Diagne est un des philosophes africains les plus prolifiques aujourd'hui, et est considéré comme l'un des vingt-cinq plus grands penseurs de notre époque, par l'hebdomadaire français, le Nouvel Observateur. Souleymane Bachir Diagne est né à Saint-Louis au Sénégal, en 1955. Après s'être distingué par son excellence dans les disciplines scientifiques et littéraires à Dakar où il a obtenu son baccalauréat, il poursuit ses études à Paris. Il y intègre l'école normale supérieure tout en passant une licence et une maîtrise de philosophie.

Agrégé de philosophie (1978), docteur de 3ème cycle en mathématiques (1982) et docteur d'Etat en philosophie (1988), Diagne a été pendant vingt ans professeur (et vice-doyen de la faculté des lettres et sciences humaines) à l'université Cheikh-Anta-Diop

Comment réinventer la tradition, comment la transmettre, comment y rester fidèle tout en se donnant un avenir, mais aussi comment la philosophie africaine peut-elle nous aider à utiliser la tradition comme outil politique? C'est à toute ces questions et d'autres, que ce philosophe de la rencontre et de la prospective a répondu dans l'entretien qu'il nous a accordé.

de Dakar.

Installé aux Etats-Unis depuis 2002, il a enseigné pendant plusieurs années à l'université Northwestern d'Evanston (dans l'Illinois). Il est, depuis 2008, professeur aux départements de français et de philosophie de l'université Columbia de New-York où il dirige également l'Institut d'études africaines. Ancien membre du comité scientifique du Conseil pour le développement de la recherche en sciences sociales en Afrique (CODESRIA), le plus important centre de recherche en sciences sociales d'Afrique de l'Ouest, le philosophe sénégalais est l'auteur de nombreux ouvrages et travaux sur l'histoire de la logique, de la philosophie notamment en Afrique et dans le monde islamique.

Référence incontournable de la scène intellectuelle, spécialiste mondial de l'algèbre de Boole et conseiller pour l'éducation et la culture de 1993 à 1999 du président sénégalais Abdou Diouf, Souleymane Bachir Diagne est aussi un éminent penseur de la tradition et de la transmission. Il est notamment l'auteur d'un article incontournable titré « L'avenir de la tradition » paru dans l'ouvrage *Sénégal. Trajectoires d'un État*, dirigé par Momar-Coumba Diop et publié par le Codesria en 1992.

Comment réinventer la tradition, comment la transmettre, comment y rester fidèle tout en se donnant un avenir, mais aussi comment la philosophie africaine peut-elle nous aider à utiliser la tradition comme outil politique ? C'est à toute ces questions et d'autres, que ce philosophe de la rencontre et de la prospective a répondu dans l'entretien qu'il nous a accordé. Son message : « Ce n'est pas la tradition qui détermine ce que nous devrions faire. Au contraire.

C'est la projection que nous avons de nous-même dans le futur qui doit nous dicter les actions et actes à poser aujourd'hui pour réaliser le futur que nous voulons. »

Esimba Ifonge

ENTRETIEN AVEC SOULEYMANE BACHIR DIAGNE

CLL : Qu'est-ce que la tradition ? Comment la définiriez-vous ?

Souleymane Bachir Diagne : Il faut d'abord s'en remettre à l'étymologie : La tradition, c'est ce qui est transmis. Et une fois que l'on a dit cela, il faut tout de suite se dire qu'il faut nuancer les choses et ajouter que cela devrait être ce qui est digne d'être transmis. C'est ce qui constitue une chaîne entre les générations. Et cette chaîne doit toujours être la transmission du meilleur de ce qu'une société aura pensé et aura produit dans la vérité et dans la beauté. Si on comprend la tradition de cette manière-là, je crois qu'on a un sentiment plus juste de ce qu'elle est ou de ce qu'elle devrait être, ou en tout cas de la manière dont on devrait la penser. Non pas simplement ce qui nous vient du passé, mais ce dont nous avons la

> C'est en fonction du futur que nous voulons, du futur qui est à faire, que nous avons à décider de la signification que nous donnons aujourd'hui à notre tradition et que nous avons à décider de la signification que nous voulons donner aux actions que nous entreprenons aujourd'hui dans notre présent.

responsabilité de reconstituer pour l'avenir.

CLL : Quelle différence peut-on faire entre une tradition et une mode ?

SBD : Il faut donner toute sa chance au temps. Et dire qu'en définitive, c'est le temps qui décide de ce qui n'aura été qu'une mode, c'est-à-dire quelque chose qui s'est inscrit dans l'éphémère et dans le non durable - et à ce moment, il faut voir pour quelles raisons, pourquoi quelque chose qui a produit, créé s'avère n'être finalement qu'une mode passagère (c'est presque une tautologie) -, ou bien alors qu'est-ce qui fait que le temps décide d'inscrire sous le registre de la tradition, quelque chose qui serait apparu, une création qui aurait été à un moment convaincante dans la vie d'une société. Je crois que là, il faut donner toute sa force et toute sa capacité de décision au temps. C'est le temps au fond qui décide de ce qui est une mode et de ce qui est une tradition.

Il y a aussi le fait que les traditions sont souvent réinventées pour le besoin de certaines causes. Et à ce moment-là, il y aurait une forme de mode consistant à reconstituer une tradition et à faire appel à elle pour justifier parfois les choses les plus discutables.

CLL : La tradition, avec le temps, peut se transformer en prison. Dans notre désir de rester fidèle à telle ou telle tradition, nous nous empêchons parfois d'avancer et d'explorer des nouvelles pistes, voire de la réinventer. Comment rester fidèle à la tradition tout en se donnant une chance pour l'avenir ?

SBD : J'aime à dire que la fidélité est dans le mouvement. Il n'y a de vraie fidélité que dans le mouvement de s'inventer et dans le mouvement d'inventer les traditions qui nous parlent aujourd'hui et qui nous parlent pour demain. Autrement dit, la tradition est une chose qui se décide et qui se constitue toujours au présent. C'est dans le présent que l'on constitue une ligne de transmission comme étant la tradition. C'est dans le présent que l'on décide de la signification que doit avoir cette tradition.

Autrement dit, si nous comprenons que la véritable fidélité à nous-mêmes, et à qui nous pensons être, consiste à décider aujourd'hui, en fonction de demain et de l'avenir que nous voulons nous donner à nous-mêmes et à cette tradition, à ce moment nous avons une meilleure vision de ce que devrait être la tradition, dans son sens de ce qui est digne d'être transmis, parce que nous comprenons alors que le sens de notre présent, et même le sens de notre tradition et de notre passé, doit nous venir du futur.

C'est en fonction du futur que nous voulons, du futur qui est à faire, que nous avons à décider de la signification que nous donnons aujourd'hui à notre tradition et que nous avons à décider de la signification que nous voulons donner aux actions que nous entreprenons aujourd'hui dans notre présent.

CLL : En tant qu'africain, dès lors qu'on veut se projeter dans l'avenir pour réinventer une nouvelle Afrique, on a tendance à se dire qu'il faut se tourner vers le passé et d'ailleurs, on nous rétorque aussi souvent que notre futur est dans notre passé. Sur quel passé doit-on se baser pour se projeter dans l'avenir ? Ne risquons-nous pas de tourner en rond ?

Ou alors faut-il se projeter dans l'avenir en faisant table rase du passé ?

SBD : Il faut d'abord tenir ferme le propos suivant lequel ce qu'il y a lieu de faire aujourd'hui ne doit pas nous être dicté par ce qu'on considère être le passé mais doit nous être dicté par l'avenir que nous avons à faire. Une fois que nous avons dit cela, évidemment, nous n'agissons pas dans le vide. Nous agissons en fonction des circonstances qui sont elles-mêmes des circonstances qui ont été déposées par le passé. Mais précisément au moment où nous effectuons cette projection, la projection elle-même nous indique comment nous concevons cette tradition et comment nous l'inscrivons dans les actions que nous menons pour le futur.

Autrement dit, que signifie tenir compte du passé ? Est-ce que cela signifie regarder dans le rétroviseur, et nous demander ce que le passé nous dicte comme attitude à avoir ? Nous tombons ici dans ce que le philosophe prospectiviste Gaston Berger appelait l'entêtement rétrospectif : Nous passons notre temps à demander au passé, et à ce que nous appelons la tradition, de nous dire ce qu'il y a lieu de faire. C'est totalement absurde. A ce moment-là, nous vivons, en quelque sorte, sous la domination des « grands morts ». Or il s'agit d'être en mouvement, il s'agit de créer de la vie, il s'agit d'aller de l'avant.

Et dans ce mouvement qui consiste à aller de l'avant, dans ce mouvement qui consiste à dériver les actions à mener à partir des projections que nous avons de nous-mêmes dans l'avenir que, du même coup, nous inventons aussi en même temps notre tradition. Nous lui donnons une signification. C'est le sens que je donne à cette expression très

> "Ce qu'il y a lieu de faire aujourd'hui ne doit pas nous être dicté par ce qu'on considère être le passé mais doit nous être dicté par l'avenir que nous avons à faire."

vague qui consiste à dire qu'il faut s'appuyer sur le passé, sur la tradition, sur ce qui on est, pour mieux se projeter dans le futur et j'ajoute d'ailleurs que la vraie fidélité s'inscrit dans le mouvement, et parfois être fidèle à soi, cela peut consister à faire autrement qu'on le faisait dans le passé. Souvent, c'est cela la vraie fidélité, la capacité de comprendre que l'avenir à faire, à créer nous commande de faire autrement qu'on ne faisait dans le passé. Et c'est le moyen que nous avons de véritablement continuer l'œuvre de nos ancêtres, en étant inventifs.

CLL : Ce que vous dites fait écho avec le débat que la France a connu, récemment, sur l'identité nationale. Pour assurer sa survie et sa continuité dans le temps, toute société se doit d'assurer la transmission de ses valeurs, pratiques et institutions d'une génération à l'autre. Est-ce que cela sous-entend pour autant une immuabilité, comme le débat en France l'a suggéré. Que transmet-on dans la tradition ?

SBD : Le débat sur l'identité nationale en France est un excellent exemple. Parce que nous avons là avec ce débat, le prototype même d'un débat faussé. Avant même de condamner la démarche consistant à créer un ministère de l'identité nationale et de faire un questionnaire sur l'identité nationale, il faut déjà regarder la nature de certaines questions qui avaient été posées, par exemple, la question à quoi reconnaît-on un français ? Il s'agissait de cocher des critères…

On a là un exemple d'une identité pétrifiée, tournée vers le passé, vers des lieux qui seraient les lieux où la nation se serait constituée. C'était une négation totale de ce que signifie justement le mouvement d'une sorte d'identification continue de soi. L'identité doit être chose ouverte, l'identité doit être chose en mouvement, et c'est cela que définit l'identité d'une société ouverte.

La vraie société ouverte, c'est la société qui est non seulement ouverte en direction de l'avenir mais qui est également une société accueillante et hospitalière à des différences qu'elle va savoir intégrer. Or, le débat sur l'identité nationale en France a tourné à la machine de guerre contre le mouvement d'ouverture et contre l'accueil de la différence.

CLL : Aujourd'hui, les identités religieuses se définissent de moins en moins comme des appartenances héritées. Il y a cette liberté de choisir sa religion ou sa propre croyance, les conversions en sont des exemples frappants. Et cela entre parfaitement dans la notion de « mouvement ». Pourtant c'est ce type de mouvement et de transmission qui pose problème, notamment en Europe, parce que certaines identités religieuses sont moins acceptées que d'autres. Comment dans ce cas, peut-on parler de crise, identitaire, alors même que l'on est dans la tradition ?

SBD : Dès lors que la manière de poser la question est une manière réactive, réactionnaire et régressive, et dans la pétrification et non pas dans le mouvement, il y a crise. La crise est une crise justement de la pétrification de l'identité. Or, souvent les identités religieuses sont convoquées ou sont évoquées, non pas pour faire mouvement, faire de la vie, faire de la création, faire de l'ouverture, mais souvent pour précisément conforter tout ce qui, chez nous, est pétrification, refus du mouvement et fixisme. Or, les identités religieuses malheureusement se prêtent très facilement à ce genre de crispations qui n'a pas lieu d'être. Comprendre la religion, c'est peut-être bien la comprendre également dans son jaillissement vivant, dans sa capacité justement de déployer ses significations dans le temps, avec le temps, et non pas d'essayer de les maintenir contre le temps.

CLL : Dans une édition de la revue politique africaine, consacrée à la Philosophie et politique en Afrique (mars 2000), vous avez publié un article autour de la philosophie bantoue « Revisiter la philosophie Bantoue ». Si la philosophie, c'est questionner ce qui est reçu. Que peut nous apporter aujourd'hui, cette philosophie bantoue et plus généralement africaine dans notre démarche de façonner ou de réinventer nos traditions ?

SBD : Ce que j'essaie de dire dans cet article et que je redis également dans la préface que j'ai donnée à la réédition du livre de Tempels, *La philosophie bantoue*, c'est que, après avoir été célébré, après avoir été l'objet de controverses féroces dans le paysage intellectuel africain, ce livre devrait aujourd'hui être simplement lu, d'une manière apaisée, comme un des textes fondateurs du mouvement philosophique sur le continent africain.

Il est temps, pour ainsi dire, que les philosophes africains fassent la revue de l'héritage, cet héritage dont un des commencements est le livre de Tempels, pour voir où nous en sommes des problèmes qui se sont posés, des questions qui ont été agitées et donc des

> « La vraie société ouverte, c'est la société qui est non seulement ouverte en direction de l'avenir mais qui est également une société accueillante et hospitalière à des différences qu'elle va savoir intégrer. Or, le débat sur l'identité nationale en France a tourné à la machine de guerre contre le mouvement d'ouverture et contre l'accueil de la différence. »

directions dans lesquelles la réflexion philosophique sur le continent est en train de s'engager.

Il y a eu beaucoup de choses produites, une littérature importante produite dans le domaine philosophique. C'est donc le moment de faire coexister cette riche production actuelle et les grands fondateurs de la réflexion philosophiques en Afrique. C'est le sens que la maison d'éditions Présence Africaine donne à la réédition de *La Philosophie bantoue*, mais aussi à celle, très prochaine, de *La philosophie bantu-rwandaise de l'être* d'Alexis Kagamé.

CLL : D'ailleurs pour vous, la présence africaine signifie que les Africains doivent être présents dans tous les domaines et dans toutes les grandes questions.

SBD : Absolument. La pire chose qui puisse nous arriver, c'est l'enfermement et la pétrification. C'est la raison pour laquelle, sur ce plan précis, il faut une pensée de l'ouverture et de l'ouverture des africains au monde. Comme dit Achille Mbembe, nous sommes de ce monde-ci. Nous n'avons pas à nous battre les flancs pour inventer du spécifique qui serait comme une clôture, au sein de laquelle nous agiterions nos propres problèmes que nous aurions ainsi baptisé africains.

C'est le sens que je donne à ce nom magnifique que la revue d'abord et la maison d'édition Présence africaine s'est donnée. Il s'agit de marquer la présence des africains sur toutes les grandes questions, qui sont des questions universelles qui nous interrogent nous autres humains dans notre condition humaine commune. Des grandes questions qui ont trait à l'éthique, des grandes questions qui ont trait à la manière dont nous habiterions ensemble le monde, dont nous vivrions ensemble dans ce monde. Des grandes questions concernant une forme de justice sociale à mettre en œuvre à l'échelle universelle, etc. Sur toutes ces grandes questions, pour ne pas mentionner d'ailleurs les questions scientifiques, il faut que les africains soient présents au maximum.

CLL : L'universel est souvent conçu et perçu comme étant occidental. L'idée étant que, en tant qu'africains, nous devons, d'une certaine manière, nous agripper à cet universel. Ce que vous dites est différent. Pour vous, nous sommes une partie de cet universel.

SBD : C'est bien ce que je dis. D'ailleurs, un des concepts autour duquel mes travaux et mes réflexions tournent est celui d'universel latéral. Ce concept a été créé par le philosophe français Maurice Merleau-Ponty en opposition à ce qu'il appelle un universel de surplomb. Une culture ou une civilisation européenne donnerait le la, serait le centre du monde, et toutes les autres aires culturelles s'ordonneraient par rapport à elle. Et il dit, « notre époque a la tâche de penser et de mettre en œuvre un universel qui sera un universel latéral, horizontal où des cultures qui sont des cultures équivalentes, et qui sont toutes des visages importants de l'aventure humaine contribueront ensemble à le produire ».

C'est une tâche, ce n'est pas quelque chose qui est donné. C'est une entreprise à mener. Et une des formes d'ailleurs de cette entreprise, de donner du contenu à la notion d'universel latéral, c'est ce que j'appelle la traduction. Si on veut que des énoncés circulent d'une ère à une autre, d'une langue à une autre, techniquement cela s'appelle une tradition. Je donne au mot traduction le sens plus général d'interculturalité. Et donc, il nous faut penser la traduction dans ce sens-là. C'est la tâche qui s'ouvre à nous. Et je pense que le philosophe aujourd'hui doit être un traducteur.

CLL : La tradition peut être vu comme un outil qui légitime l'ordre dans la société et la répartition des ressources. Et dans les pays occidentaux, par exemple, sous le couvert de la tradition, on a rendu acceptable le rejet de l'autre et alimenté le racisme. Dans quelles mesures, pouvons-nous aujourd'hui, en tant qu'africain en Occident, recourir à la tradition comme outil politique pour établir de nouveaux rapports de force ?

SBD : Il y a un double mouvement. Prenons, par exemple, ce qu'on appelle intégration. Il y a un mouvement d'intégration, évidemment, pour ceux qui sont aujourd'hui en Europe notamment. Il y a un mouvement d'appropriation des codes sociaux et des manières de faire qui sont ceux de la société dans laquelle on vit. Mais plus important, il y a le test que nous représentons. Et quand je dis nous, je pense aux différentes sociétés ou différentes cultures qui, aujourd'hui, sont présentes sur le territoire européen, et qui sont en train de lui donner un visage nouveau et cosmopolite. Et d'ailleurs cela explique les effets de résistance très forts qu'il peut y avoir en réaction à cette évolution des choses.

Mais il faut bien comprendre que ces populations, ces nouvelles manières de faire, ces nouveaux langages, ces nouveaux codes, ces nouvelles créativités sont autant de tests de la société dite ouverte. On dit souvent que les nouveaux immigrants, avec leurs cultures, leurs religions, leurs manières ne s'adaptent pas ou sont incompatibles avec la société ouverte. On oublie simplement une chose, ils posent un test à cette société ouverte : Il est question de savoir si elle est véritablement une société ouverte.

Une société réellement ouverte est une société qui est normalement hospitalière et qui n'a pas peur de s'approprier la différence dans son mouvement d'identification continue. Or les sociétés crispées, réactives qui donnent l'impression de défendre un héritage contre ceux qui auraient un droit à cet héritage, et qui demandent justice, qui demande ouverture sont des sociétés non ouvertes.

Nous n'avons besoin de personne pour fixer les règles des combats que nous allons livrer. Nous devons étudier la nature du combat en question, étudier l'ennemi, étudier ce qui se joue contre nous, et ensuite dresser un plan de bataille et mettre au point une stratégie. Alors, on obtiendra des résultats.
MALCOLM X, *Derniers discours*

LIKAMBO YA MABELE | LE MOUVEMENT

Une ambition: Montrer au monde ce que peut faire l'homme noir quand il travaille dans la liberté, et faire du Congo le centre du rayonnement de l'Afrique tout entière.

Likambo Ya Mabele est un mouvement civico-écologique initié par des congolais. Mouvement de rassemblement congolais, il se charge de la tâche, imposée par l'histoire, d'organiser les masses populaires congolaises autour de leurs propres intérêts et de leur offrir les moyens techniques et stratégiques pour défendre ces intérêts face au pouvoir en place et aux pouvoirs occultes qui interviennent dans la gestion du pays à partir de l'extérieur.

En tant que mouvement pour mobiliser la population congolaise en vue du changement structurel de la société ainsi que du système politique et économique sur place, et organisateur du Contre-pouvoir Congolais, Likambo Ya Mabele est appelé à réaliser des programmes d'activités de grande envergure concernant tous les secteurs civils et sécuritaires de la nation congolaise et des diasporas congolaises. Plus d'informations sur www.likayama.org

LIKAMBO YA MABELE | LE PROGRAMME

CE QUE NOUS VOULONS :

Nous voulons assurer la survie de la population congolaise
C'est la priorité des priorités. Nous devons préserver, sauvegarder et défendre la vie. Nous voulons assurer la survie de la population congolaise à travers la reproduction des ressources matérielles ;

Nous voulons assurer le bien-être de toutes les tranches de la population congolaise
Nous voulons assurer le maintien d'un ordre légal, social et politique permettant à toutes les tranches de la population de consacrer leurs énergies à la reproduction matérielle et à l'évolution culturelle de leur société au lieu de les consacrer au combat de la survie sous des conditions du chaos ;

Nous voulons assurer la sécurité à nos populations
Nous voulons assurer à nos populations la sécurité face aux menaces à l'intégrité territoriale et à la souveraineté nationale, provenant de l'extérieur du pays ;

Nous voulons changer la manière dont nous voyons le Congo, les congolais et le monde
Nous voulons changer le paradigme conventionnel, imposé aux Congolais et à l'opinion publique mondiale moyennant le discours hégémonique du pouvoir. Tout comme le paradigme dominant a été utilisé pour faire avancer les intérêts du pouvoir dans le contexte congolais, notre paradigme alternatif aidera les forces du changement au Congo à construire le contrepouvoir, une exigence de l'évolution politique de ce pays qui a été trop longtemps négligée par les congolais ;

Nous voulons satisfaire les besoins matériels et idéels des

congolais
Nous cherchons à construire systématiquement les forces de la résilience des populations congolaises et de travailler avec elles à créer leurs moyens d'organisation et d'actions. Au lieu de prôner une approche sacrificielle des masses pour leur mouvement, nous voulons qu'elles s'en approprient afin d'en faire le creuset pour la satisfaction de leurs besoins matériels et idéels ;

Nous voulons faire du Congo-Kinshasa un pays souverain et panafricain au cœur de l'Afrique
« Nous allons montrer au monde ce que peut faire l'Homme noir quand il travaille dans la liberté et Nous allons faire du Congo le centre du rayonnement de l'Afrique tout entière. » Comme nous l'a indiqué Patrice Emery Lumumba.

CE QUE NOUS NOUS ENGAGEONS A FAIRE :

Nous nous engageons à constituer un contre-pouvoir
Nous allons au-delà de l'observation et l'interprétation des événements de l'actualité dans et autour de ce pays : Nous constituons un mouvement à orientation sociopolitique et économique visant à créer un contrepouvoir ;

Nous nous engageons à organiser nos populations autour de leurs propres intérêts
Nous nous engageons à travailler avec les masses populaires autour de leurs propres intérêts et à créer avec elles les moyens techniques et stratégiques pour défendre leurs intérêts face aux sous-traitants du pouvoir de l'argent et aux autres pouvoir occultes qui interviennent dans la gestion du pays de l'extérieur ;

Nous nous engageons à réaliser des programmes d'activités de grande envergure concernant tous les secteurs civils et sécuritaires

Nous nous engageons à réaliser des programmes d'activités de grande envergure concernant tous les secteurs civils et sécuritaires de la nation congolaise ainsi qu'au niveau de l'étranger pour mobiliser la population congolaise en vue du changement structurel de la société ainsi que du système politique et économique sur place ;

Nous nous engageons à développer un réseau fonctionnel congolais à travers le monde
Nous nous engageons à développer un réseau fonctionnel des acteurs stratégiques en vue d'atteindre les acteurs de base au niveau de la population de la RDC ainsi que des congolais et congolaises de la diaspora pour obtenir leur participation sans réserve au mouvement ;

Nous nous engageons à créer les moyens de nos fins et combats
Nous nous engageons à créer, générer et collecter des sources de revenus propres aux structures organisationnelles du mouvement ainsi que pour les structures de base au niveau de la population.

CE SUR QUOI NOUS MISONS :

Nous misons sur la réappropriation, par les congolais, de leur terre-mère
Nous misons sur la réappropriation, par les congolais, de leur terre-mère. La «terre-mère» est un héritage reçu des ancêtres et de «Nzambe». Il est à conserver et à protéger. Nous devons entretenir sa biodiversité pour que la vie en bénéficie ;

Nous misons sur le principe de l'unité
Nous misons sur le principe de l'unité : c'est-à-dire sur l'adhésion aux stratégies d'action, élaborées sur base des débats participatifs, inclusifs et ayant aboutis aux conclusions consensuelles ; une fois entérinées,

ces stratégies s'imposent à tous les acteurs en tant que programmes communs d'action prioritaire au-dessus des priorités individualistes et particulières ;

Nous misons sur le principe de la solidarité horizontale et verticale
Nous misons sur le principe de la solidarité horizontale et verticale. Ce principe se substituera au principe de la discipline hiérarchique en tant que principe basé sur des structures organisationnelles, construites dans le cas du contrepouvoir Congolais sous forme de cercles concentriques, avec des garde-fous empêchant la concentration du pouvoir dans les mains des animateurs du mouvement, et non à partir des mécanismes de commande hiérarchique.

Si vous souhaitez mieux connaître la plateforme d'édition Congo Lobi Lelo, il vous suffit de visiter notre site : www.congolobilelo.com

Impression & distribution :
Books On Demand GmbH, Norderstedt, Allemagne
ISBN : 978-2-9565630-0-6

Dépôt légal : Septembre 2019

Web : Congolobilelo.com